Die Veggie-Lunchbox

Chandima Soysa

Die VEGGIE-LUNCHBOX

Vegetarisches & Veganes für die Mittagspause

JAN THORBECKE VERLAG

VERLAGSGRUPPE PATMOS

PATMOS
ESCHBACH
GRÜNEWALD
THORBECKE
SCHWABEN

Die Verlagsgruppe
mit Sinn für das Leben

Hinweis: Wenn Sie sich vegan ernähren möchten, achten Sie bitte beim Kauf der Lebensmittel auf vegane Produkte, denn manche vermeintlich ohne tierische Produkte hergestellte Lebensmittel, z. B. Senf oder Essig, sind in veganen und nicht veganen Varianten erhältlich.

FÜR DIE SCHWABENVERLAG AG IST NACHHALTIGKEIT EIN WICHTIGER MASSSTAB IHRES HANDELNS. WIR ACHTEN DAHER AUF DEN EINSATZ UMWELTSCHONENDER RESSOURCEN UND MATERIALIEN.

ALLE RECHTE VORBEHALTEN
© 2015 JAN THORBECKE VERLAG DER SCHWABENVERLAG AG, OSTFILDERN
WWW.THORBECKE.DE

GESTALTUNG: FINKEN & BUMILLER, STUTTGART, CHANDIMA SOYSA
DRUCK: SÜDDEUTSCHE VERLAGSGESELLSCHAFT, ULM
HERGESTELLT IN DEUTSCHLAND
ISBN 978-3-7995-0617-5

DER INHALT

8 *Vorwort*
10 *Tipps*

ZUM AUFTAKT ETWAS MÜSLI
12 Müsli mit Südfrüchten
15 Beeriges Muntermachermüsli
16 Müslischnitten mit Power

LECKERE PAUSENBROTE
19 Kunterbunte Toasts
20 Ziegenfrischkäse im Kürbiskernbrot
23 Walnusstaler mit Avocadocreme
24 Geräucherter Tofu im Sesambrötchen
27 Focaccia mit Grillgemüse
28 Pfiffige Rollen

FÜR DEN KLEINEN HUNGER: KÖSTLICHE KLEINIGKEITEN
31 Frischkäsecreme rot/grün
32 Veganes Sushi
35 Hummus mit gebackener Paprika
36 Kühle Wassermelone-Feta-Würfel
39 Mini-Caprese-Spießchen

SCHNELL GEMACHTE SUPPEN
40 Sonnenverwöhnte Tomatensuppe
43 Möhrensüppchen leicht scharf
44 Erbsensuppe gekrönt mit Balsamicozwiebeln

GRÜNZEUG UND MEHR: SALATE

47 Kichererbsen mit frischem Spinat 🌿
48 Asiatische Glasnudeln mit Biss 🌿
51 Fenchel mit allerlei Vitaminen 🌿
52 Knackige Bohnen mit Bratkartoffeln 🌿
55 Feine Belugalinsen mit Gemüsewürfelchen 🌿
56 Weiße Bohnen mit aromatischem Dill 🌿
59 Japanische Buchweizennudeln 🌿
60 Rote Bete auf Apfel-Quinoa 🌿

FÜR DEN GROSSEN HUNGER ETWAS ZUM ERWÄRMEN

63 Gebackener Kürbis auf Amaranth 🌿
64 Nudeln mit frischem Pesto 🌿
67 Pizza pronto pronto 🌿
68 Zucchini-Trifft-Cashew-Tarte 🌿
71 Saftige Karottenquiche 🌿
72 Couscous mit Karotten aus dem Ofen 🌿
75 Pikantes Kürbis-Curry 🌿
76 Kokosreis in Rauten 🌿

ZUM ABSCHLUSS DAS DESSERT

78 Cremiger Milchreis 🌿
78 Lockerer Grießbrei 🌿
79 Hausgemachtes Kompott 🌿
82 Tante Rikels Himbeertraum 🌿

84 *Tipps*
86 *Register*
88 *Die Autorin*

🌿 **VEGETARISCH**
🌿 **LEICHT VEGAN ABWANDELBAR**
🌿 **VEGAN**

ICH LIEBE LUNCHBOXEN, WEIL...

... ich weiß, was drin ist! Das ist sehr hilfreich bei Allergien und Nahrungsmittelunverträglichkeiten und erleichtert das Leben bei speziellen Ernährungsgewohnheiten.

... ich jede Menge Geld sparen oder das Geld für beste Kochzutaten ausgeben kann. Ich kann also entscheiden und unterstützen, was mir wichtig ist. Das sind möglichst regionale und saisonale Produkte, gerne in Bioqualität und vom Wochenmarkt.

... ich unabhängig vom Angebot der Kantine, des Mittagstischs oder des Bäckers bin. Wenn ich Appetit bekomme, steht meine lecker befüllte Lunchbox schon parat.

... ich die Portionen bestimmen kann. So werde ich satt bzw. es muss nichts weggeworfen werden, weil es zu viel war.

... ich mich mit dem Zubereiten der Mahlzeiten mit dem Partner oder den Kollegen auch abwechseln kann. Kochen für mehrere macht Spaß, spornt an, die eigenen Kochkünste auszubauen, und bringt Abwechslung in die Lunchbox!

Viel Spaß und guten Appetit wünscht
Chandima Soysa

SO PACKE ICH DIE PERFEKTE LUNCHBOX

- Die lebensmittelechte, schadstofffreie und gleichzeitig nachhaltigste Variante ist die **LUNCHBOX AUS EDELSTAHL**: ideal für belegte Brote, Nudeln, Getreide, Salate etc. Sie ist außerdem nahezu unzerstörbar.

- Für alles, was auslaufen kann, muss eine **BOX** her, die **MIT EINEM WASSERDICHTEN VERSCHLUSS** ausgestattet ist. Hier gibt es mittlerweile gute Modelle aus schadstofffreiem, umweltfreundlichem Kunststoff.

- Im Idealfall besitzen die Boxen noch eine Unterteilung, so wie sie die typischen japanischen **BENTOBOXEN** haben.

- **BUTTERBROTPAPIER** und **SANDWICHTÜTEN** eignen sich prima für »trockene« Lunchpakete. Sie sind ideal, wenn Gewicht oder Platz gespart werden soll.

- Suppen füllt man am besten heiß in eine **THERMOSKANNE** oder alternativ abgekühlt in ein **GLAS MIT SCHRAUBVERSCHLUSS**.

- Eine kleine verschließbare **DOSE** aus schadstofffreiem Kunststoff eignet sich für Snacks wie Nüsse, Trockenobst oder Dressings.

CLEVER ABWANDELN: AUS VEGETARISCH WIRD VEGAN

Viele Gerichte lassen sich leicht vegan abwandeln.

- Milch kann meist durch **SOJA-**, **HAFER-** oder **REISMILCH** ersetzt werden.
- **SOJAJOGHURT** ist ein ebenbürtiger Ersatz für Joghurt.
- Quark oder Crème fraîche lassen sich durch pürierten **SEIDENTOFU** austauschen.
- **AHORNSIRUP** ersetzt den von fleißigen Bienen gesammelten Honig.

MÜSLI MIT SÜDFRÜCHTEN

FÜR 1 GROSSE PORTION

½ Mango
½ Orange
½ Banane
1 TL Zitronensaft
½ Kiwi, gelb
1 EL Dörrobst (z.B. Apfelringe, Birnen, Aprikosen, Pflaumen)
1 TL Walnüsse, gehackt
1 Portion Müsli
6 EL Naturjoghurt oder Sojade
1 TL Honig oder Ahornsirup

1 Die **MANGO** mit Hilfe eines Sparschälers schälen und das Fruchtfleisch um den Kern ablösen. Die **ORANGE** schälen und die Hälfte der Orangenspalten sowie des Mangofleisches in mundgerechte Stücke schneiden. Die **BANANE** in der Mitte halbieren, schälen und in Scheiben schneiden. Mit dem **ZITRONENSAFT** beträufeln. Die **KIWI** teilen und das Fleisch der einen Hälfte mit einem Teelöffel aus der Schale herauslösen. In Scheiben schneiden.

2 Das **DÖRROBST** grob zerkleinern und mit den **WALNÜSSEN** und dem frischen Obst in einen Teil der Lunchbox geben. In den anderen Teil das **MÜSLI** geben. Den **JOGHURT** oder die **SOJADE** in ein separates Behältnis füllen und mit dem **HONIG** oder **AHORNSIRUP** beträufeln.

3 Auch hier gilt wie beim »Beerenmüsli« auf der nächsten Doppelseite: Entweder das Müsli vor dem Verzehr mit ein wenig heißem Wasser übergießen, damit die Flocken aufquellen, oder aber das trockene Müsli morgens bereits mit kaltem Wasser vermengen und bis zum Lunch langsam ausquellen lassen. Das schont den Magen.

EIN GRUSS AN DIE SONNE! MÜSLI

MÜSLI DIESE MISCHUNG WECKT NATÜRLICH BÄRENKRÄFTE!

BEERIGES MUNTER-MACHERMÜSLI

1 Die **BEEREN** waschen, trockentupfen und eventuell in mundgerechte Stücke schneiden. Mit dem **MÜSLI** und dem **HÜTTENKÄSE** oder **SEIDENTOFU** in die Lunchbox geben, am besten in eine Box mit getrennten Fächern.

2 Um es magenfreundlicher zu machen, kann man das Müsli vor dem Verzehr mit etwas heißem Wasser übergießen. So können die Flocken aufquellen. Oder aber man vermengt das trockene Müsli morgens bereits mit etwas Wasser oder Fruchtsaft und lässt es bis zur Pause langsam quellen.

FÜR 1 KLEINE PORTION

1 Handvoll Beeren (z.B. Erd- und Stachelbeeren)
1 Portion Müsli
100 g Hüttenkäse oder Seidentofu

MÜSLISCHNITTEN MIT POWER

FÜR 1 KLEINES BLECH

2 Äpfel
300 g Trockenobst, gehackt (z. B. Aprikosen, Pflaumen, Äpfel, Birnen, Rosinen, Feigen, Datteln)
150 g Haferflocken, kernig
100 g Kürbiskerne, gehackt
150 g Nusskerne, gehackt (Haselnuss, Walnuss, Cashew, Paranuss, Erdnuss)
2 TL Sesamsaat
5 EL Honig oder Ahornsirup
1 Prise Salz
2 TL Zimt
4 EL Sonnenblumenöl
150 g Mehl
250 ml Wasser

BACKBLECH
BACKPAPIER

1 Die **ÄPFEL** waschen und entkernen. Mitsamt der Schale grob raspeln und in eine große Schüssel geben.

2 Das **TROCKENOBST**, die **HAFERFLOCKEN**, die **KÜRBISKERNE**, die **NUSSKERNE** und die **SESAMSAAT** dazugeben und alles miteinander verkneten. Den **HONIG** oder **AHORNSIRUP**, das **SALZ**, den **ZIMT** und das **ÖL** in die Masse einarbeiten. Das **WASSER** dazugießen und das **MEHL** darübersieben. Alle Zutaten gründlich zu einem klebrigen Teig vermengen.

3 Den Backofen auf 180 °C vorheizen.

4 Ein Backblech mit Backpapier auslegen und den Teig gleichmäßig darauf verstreichen. Im Ofen etwa 40 Minuten backen. (Wenn die Müslischnitten zu schnell dunkel werden, einfach mit einem Stück Backpapier abdecken.)

5 Aus dem Ofen holen, einen Moment abkühlen lassen, aber noch warm in Stücke schneiden.

TIPP Die Müslischnitten halten sich gut verpackt und gekühlt einige Tage. Man kann sie auch wunderbar portionsweise einfrieren und bei Bedarf auftauen.

EIN POWERSNACK FÜR ZWISCHENDURCH! MÜSLI

BROTE ERLAUBT IST, WAS GEFÄLLT UND SCHMECKT!

KUNTERBUNTE TOASTS

Ein prima »Resteverwerter« und dazu superschnell zubereitet, sind bunte Toasts. Hier lassen sich ganz nach Geschmack verschiedene Aufstriche, Beläge, Gemüse, Kräuter und Obst miteinander kombinieren.

1. REIHE

FRISCHKÄSE, KRESSE, RADIESCHEN
AVOCADO, SCHNITTLAUCH

RHABARBER-ROSINEN-CHUTNEY, ESSIGGURKE
MANCHEGO

FETA, SCHWARZKÜMMEL, PAPRIKAPULVER, MINZE
TOMATENMARK, KAROTTEN

2. REIHE

WALNUSS-TRAUBE-FRISCHKÄSE
GROBER SENF, APFELSPALTEN

LACHS (FÜR PESCETARIER), DILL
SENF, GURKENSCHEIBEN

BUTTER, KRESSE, CHILIFÄDEN
OLIVENTAPENADE

3. REIHE

BUTTER, TOMATEN, BASILIKUM
ALPENTILSITER, SULTANINEN

MAYONNAISE, GETROCKNETE TOMATE
PAPRIKA-HUMMUS, PAPRIKASTÜCKCHEN

GORGONZOLA
BIRNENSENF, BIRNENSPALTEN, ORANGENTHYMIAN

ZIEGENFRISCHKÄSE IM KÜRBISKERNBROT

FÜR 1 PORTION

2 Scheiben Kürbiskernbrot
50 g Ziegenfrischkäse
Pfeffer und Salz aus der Mühle
4 Cranberrys, gehackt
1 Handvoll Kresse

DRESSING
1 TL Honig
1 TL Balsamicoessig
1 EL Kürbiskernöl

1 Beide **BROTSCHEIBEN** mit dem **ZIEGENFRISCHKÄSE** bestreichen. Nach Belieben **PFEFFERN** und **SALZEN**. Eine Scheibe mit den **CRANBERRYS** bestreuen und die **KRESSE** darüberhäufen. Die zweite Scheibe auflegen und leicht zusammengedrückt in die Lunchbox oder eine Butterbrottüte geben.

2 Für das Dressing den **HONIG** im **BALSAMICOESSIG** auflösen und mit dem **KÜRBISKERNÖL** verquirlen. In einen kleinen verschließbaren Behälter füllen. Unmittelbar vor dem Verzehr kräftig schütteln und das vorsichtig aufgeklappte Sandwich damit beträufeln. Zusammenklappen und genießen.

SELBSTGEZOGENE KRESSE VERSORGT EINEN RUND UMS JAHR MIT FRISCHEM GRÜN! BROTE

BROTE AUCH SPROSSEN LASSEN SICH IN KEIMGLÄSERN GANZ EINFACH SELBER ZIEHEN!

WALNUSSTALER MIT AVOCADOCREME

1 2 Scheiben **BROT** auf jeweils ein Butterbrotpapier legen. Die Hälfte der **AVOCADO** mit einem Teelöffel auslöffeln und das Fruchtfleisch in eine Schüssel geben. Mithilfe einer Gabel grob zerdrücken und mit dem **JOGHURT** und dem **LIMETTENSAFT** vermengen. Die **WALNÜSSE** dazugeben und die Creme **PFEFFERN** und **SALZEN**.

2 Das **RADIESCHEN** waschen und in dünne Scheiben schneiden. Einen **APFEL** waschen und 2 Spalten herausschneiden.

3 Die Hälfte der Avocado-Joghurt-Creme auf die Brote streichen. Mit den **SPROSSEN** und dem **SALAT** belegen, die Radieschenscheiben und Apfelspalten auflegen und mit jeweils einer **KAPUZINERKRESSEBLÜTE** krönen.

4 Die 2 anderen Brotscheiben mit der restlichen Avocado-Joghurt-Creme bestreichen und auf die belegten Brote auflegen. Leicht andrücken und in das Butterbrotpapier einschlagen. In die Lunchbox packen und am besten Messer und Gabel für den Verzehr einplanen.

FÜR 1 PORTION

4 Scheiben Walnussbrot, Dauerbrot
½ Avocado
2 EL Joghurt, natur
etwas Limettensaft
1 EL Walnüsse, fein gehackt
Pfeffer und Salz aus der Mühle
1 Radieschen
2 Apfelspalten
2 EL Sprossen (z.B. Alfalfa)
ein paar Blätter Pflücksalat
2 Kapuzinerkresseblüten

BUTTERBROTPAPIER

GERÄUCHERTER TOFU IM SESAMBRÖTCHEN

FÜR 1 PORTION

50 g Räuchertofu
1 Sesambrötchen
1 TL Senf, mittelscharf
½ Avocado
ein paar Salatblätter
ein paar Gurkenscheiben
etwas Petersilie
1 Cocktailtomate

HOLZSPIESS

1 Den **TOFU** in Scheiben schneiden. Wer ihn roh nicht mag, brät ihn in einer Pfanne mit etwas Öl von beiden Seiten an und lässt ihn abkühlen.

2 Das **SESAMBRÖTCHEN** aufschneiden und die obere Hälfte mit **SENF** bestreichen. Die **AVOCADO** halbieren, das Fruchtfleisch aus der Hälfte ohne Stein herauskratzen und auf die untere Brötchenhälfte streichen. Darauf die **SALATBLÄTTER** legen, darüber Tofu- und **GURKENSCHEIBEN** schichten und die **PETERSILIE** auflegen. Die obere Brötchenhälfte aufsetzen.

3 Den Holzspieß vorsichtig durch die **COCKTAILTOMATE** bohren und das belegte Brötchen damit fixieren.

TIPP Die Avocadohälfte mit Stein luftdicht verpacken und bis zum baldigen Verzehr kühl aufbewahren.

TOFU IST LEICHT BEKÖMMLICH UND SOMIT IDEAL FÜR DIE LUNCHPAUSE! BROTE

BROTE FALLS EIN SANDWICHMAKER ZUR HAND IST – REIN DAMIT UND TOASTEN!

FOCACCIA MIT GRILLGEMÜSE

1 Den Backofen auf 200 °C vorheizen.

2 Das **OLIVENÖL** in eine flache Schüssel geben. Den **KNOBLAUCH** abziehen, fein hacken und mit dem Öl vermengen. Den **ROSMARIN** dazugeben. Die **ZUCCHINI** und die **AUBERGINE** waschen und in feine Längsstreifen schneiden. Die Gemüsestreifen **PFEFFERN** und **SALZEN** und von beiden Seiten mit dem Knoblauchöl bepinseln. Mit dem Rosmarin auf einem mit Backpapier ausgelegten Backblech auslegen und für etwa 15 Minuten auf der obersten Stufe im Ofen grillen. Herausnehmen und abkühlen lassen.

3 Den **RUCOLA** waschen und trockenschütteln. Die **FOCACCIA** von drei Seiten aufschneiden und aufklappen. Mit dem Rucola und den Gemüsestreifen füllen. Die **PINIENKERNE** darüberstreuen und das Brot zuklappen. Zum besseren Halt eventuell in ein Butterbrotpapier wickeln und in die Lunchbox packen.

TIPP Damit die Ofenhitze auch optimal genutzt ist, ruhig mehr Gemüse grillen und in reichlich Öl und Kräutern mariniert im Kühlschrank aufbewahren. Hält ein paar Tage.

FÜR 2 PORTIONEN

8 EL Olivenöl
1 Knoblauchzehe
2 Zweige Rosmarin
1 Zucchini
1 Aubergine
Pfeffer und Salz aus der Mühle
1 Handvoll Rucola
1 Stück Focaccia
1 TL Pinienkerne, geröstet

PFIFFFIGE ROLLEN

FÜR 2 PORTIONEN

½ Vespergurke
1 Tomate
2 Stängel Koriander
ein paar Salatblätter
¼ Zuckermaiskolben
1 Avocado
½ Limette
100 g Kidneybohnen
Pfeffer und Salz aus der Mühle
2 große Weizentortillas (Ø etwa 30 cm)
2 EL Naturreis, gekocht

BUTTERBROTPAPIER

1 Die **GURKE**, die **TOMATE**, den **KORIANDER**, die **SALATBLÄTTER** und den **MAISKOLBEN** waschen. Die Gurke und die Tomate klein würfeln, den Koriander hacken, die Salatblätter zerpflücken und die Maiskörner vom Strunk schneiden. Die **AVOCADO** halbieren, entsteinen und das Fruchtfleisch mit einem Löffel herauslösen. Mit dem **LIMETTENSAFT** beträufeln.

2 Die **KIDNEYBOHNEN** in einem Topf erwärmen. Mit **PFEFFER** und **SALZ** würzen und zu einer groben Paste zerdrücken.

3 Die beiden **TORTILLAS** in einer ungefetteten Pfanne kurz erwärmen, flach auslegen und mittig jeweils einen Streifen Bohnenpaste aufstreichen. Den **REIS** und die restlichen Zutaten gleichmäßig darauf verteilen und etwas andrücken. Beide Enden der Tortillas einschlagen und diese zu einer festen Rolle aufwickeln. In Butterbrotpapier wickeln und vor dem Verzehr halbieren.

TIPP Die Rollen eignen sich auch sehr gut für eine Lunchpause in größerer Runde. Dann kann man die Zutaten in entsprechenden Portionen planen.

WICKELT MAN EINEN TEIL IN BUTTERBROTPAPIER, LASSEN SICH DIE ROLLEN OHNE KLECKERN GENIESSEN! **BROTE**

KLEINIGKEITEN SCHMECKT GANZ BESONDERS FEIN AUF ROSMARINKNÄCKEBROT!

FRISCHKÄSECREME
ROT/GRÜN

Roter Frischkäse

1 Die **PAPRIKA** waschen, entkernen und grob würfeln. Den **KNOBLAUCH** abziehen. Beides mit dem **FRISCHKÄSE**, der **CRÈME FRAÎCHE**, der **GURKE**, dem **OLIVENÖL**, dem **TOMATENMARK**, den **ROSINEN** und dem **PAPRIKAPULVER** in ein hohes Gefäß geben. Mit einem Stabmixer zu einer glatten Creme pürieren.

2 Den **SCHNITTLAUCH** in Röllchen schneiden und unter die Creme ziehen. Mit **PFEFFER** und **SALZ** abschmecken.

Grüner Frischkäse

1 Den **FRISCHKÄSE** und den **QUARK** in eine Schüssel geben und miteinander verrühren. Die **KRÄUTER** waschen, trockenschütteln, fein wiegen und dazugeben. Die **FRÜHLINGSZWIEBEL** waschen, von trockenen Enden befreien und in feine Ringe schneiden. Die **RADIESCHEN** waschen, entstrunken und klein würfeln. Beides ebenfalls unter die Creme ziehen.

2 Die **ZITRONE** auspressen und die Frischkäsecreme mit **ZITRONENSAFT** sowie mit **PFEFFER** und **SALZ** abschmecken.

FÜR JE 6 PORTIONEN

ROTER FRISCHKÄSE

½ Paprika, rot
1 Knoblauchzehe
200 g Frischkäse, Doppelrahmstufe
100 g Crème fraîche
1 saure Gurke
1 EL Olivenöl
1 EL Tomatenmark
1 EL Rosinen
½ TL Paprikapulver, edelsüß
½ Bund Schnittlauch
Pfeffer und Salz aus der Mühle

GRÜNER FRISCHKÄSE

200 g Frischkäse, Doppelrahmstufe
100 g Quark, 20 % Fett
1 Bund gemischte Kräuter (z. B. Petersilie, Schnittlauch, Dill, Kresse)
1 Frühlingszwiebel
2 Radieschen
1 Zitrone
Pfeffer und Salz aus der Mühle

VEGANES SUSHI

FÜR 1 PORTION

½ Zucchini
½ Vespergurke
¼ Paprika
1 Karotte
1 Radieschen
Mayonnaise, vegan
Kräuter, z.B. Petersilie, Basilikum, Schnittlauch

1 Das Gemüse und die Kräuter waschen und trockentupfen. Mit einem Sparschäler Streifen von der **ZUCCHINI** abziehen. Die **GURKE**, die **PAPRIKA**, die **KAROTTE** und das **RADIESCHEN** in Stifte, Streifen bzw. Scheiben schneiden.

2 Die Zucchinistreifen auslegen und mit **MAYONNAISE** bestreichen. Die Gemüsestifte und -scheiben sowie die **KRÄUTER** in Häufchen auf ein Ende jedes Streifens stapeln und aufrollen. In eine Lunchbox setzen.

ROHKOST MAL ANDERS – DAS AUGE ISST JA BEKANNTERMASSEN MIT! **KLEINIGKEITEN**

KLEINIGKEITEN DIE GERÖSTETE PAPRIKA VERLEIHT DEM HUMMUS SEINE FARBE UND DEN PFIFF!

HUMMUS MIT GEBACKENER PAPRIKA

1 Den Backofen auf 200 °C vorheizen.

2 Die **PAPRIKA** waschen, halbieren und von Strunk und Samen befreien. Mit der Hautseite nach oben auf ein Backblech legen und etwa 20 Minuten backen, bis die Haut überwiegend schwarz ist und Blasen wirft. Herausnehmen, abgedeckt auf einen Teller legen und abkühlen lassen. Nach dem Erkalten die Haut abziehen.

3 Die **KICHERERBSEN** unter klarem Wasser abspülen und mit der **TAHINE**, dem **OLIVENÖL**, dem **ZITRONENSAFT**, dem **RAS EL-HANOUT** und dem **KREUZKÜMMEL** in ein hohes Gefäß geben. Mit dem Stabmixer glatt pürieren. Mit **PFEFFER** und **SALZ** abschmecken und ganz nach Geschmack noch etwas Zitronensaft hinzugeben. Die Hälfte des Dips für die Lunchbox bereitstellen, den anderen Teil in einem verschlossenen Gefäß im Kühlschrank aufbewahren und innerhalb der nächsten 2 Tage verbrauchen.

4 Die **PAPRIKA**, die **GURKE**, die **KAROTTE** und die **COCKTAILTOMATEN** waschen. Die Paprika entkernen und in Streifen schneiden, die Karotte schälen und wie die Gurke in längliche Stücke schneiden. Mit den Cocktailtomaten und dem Hummus in die Lunchbox packen und mit den **BASILIKUMBLÄTTCHEN** dekorieren.

DIP FÜR 2 PORTIONEN

1 Paprika, rot
200 g Kichererbsen, gekocht
1 EL Tahine (Sesampaste)
2 EL Olivenöl
ca. 2 EL Zitronensaft
¼ TL Ras el-Hanout
½ TL Kreuzkümmel, gemahlen
Pfeffer und Salz aus der Mühle

GEMÜSESTICKS

½ Paprika, gelb
1 Landgurke
1 Karotte
1 Handvoll Cocktailtomaten
Basilikumblättchen zum Dekorieren

KÜHLE WASSERMELONE-FETA-WÜRFEL

FÜR 1 PORTION

1 Zweig frische Minze
200 g Wassermelone
100 g Schafskäse
¼ TL Schwarzkümmel
Pfeffer und Salz aus der Mühle
bestes Olivenöl
Fladenbrot

4 HOLZSPIESSE

1 Die **MINZE** waschen und in kleine Stücke zupfen, die **WASSERMELONE** und den **SCHAFSKÄSE** in Würfel schneiden und alle drei Zutaten gleichmäßig auf die Holzspieße reihen. In die Lunchbox geben und mit dem Schwarzkümmel bestreuen. Kühl halten.

2 Vor der Lunchpause die Spieße mit **PFEFFER** und **SALZ** würzen. Großzügig mit **OLIVENÖL** beträufeln und dazu frisches oder getoastetes **FLADENBROT** genießen.

BESONDERS WOHLTUEND UND ERFRISCHEND AN EINEM HEISSEN SOMMERTAG! KLEINIGKEITEN

KLEINIGKEITEN **DIESER KLASSIKER LEBT VON ALLERBESTEN ZUTATEN!**

MINI-CAPRESE-SPIESSCHEN

1 Die **TOMATEN** und die **BASILIKUMBLÄTTER** waschen und trockentupfen. Die **MOZZARELLA-KUGELN** abtropfen lassen.

2 Ein Basilikumblatt, eine Mozzarellakugel und eine Tomate je Zahnstocher aufspießen. In die Lunchbox legen und die **OLIVEN** darüberstreuen.

3 Die Spießchen vor dem Verzehr **PFEFFERN** und **SALZEN** und mit einem Dressing aus **OLIVENÖL** und **BALSAMICOESSIG** versehen. Dazu das **BROT** mit Olivenöl beträufeln und mit etwas Meersalz bestreuen.

FÜR 1 PORTION

12 Cocktailtomaten
12 Basilikumblätter
12 Mini-Mozzarella-Kugeln
6 schwarze Oliven, eingelegt
Pfeffer aus der Mühle
Meersalz, feinkörnig
bestes Olivenöl
Balsamicoessig
etwas Brot

12 ZAHNSTOCHER

SONNENVERWÖHNTE TOMATENSUPPE

FÜR 2 PORTIONEN

400 g Tomaten
1 Zwiebel
1 Knoblauchzehe
1 EL Olivenöl
1 TL Tomatenmark
2 EL Balsamicoessig
1 Lorbeerblatt
200 ml Gemüsebrühe
1 Handvoll Basilikumblätter
  + ein paar zur Dekoration
2 EL Sojacreme
1 EL Cashewkerne

SCHNEIDSTAB

1 Die **TOMATEN** waschen, entstielen und die Haut kreuzweise einritzen. In einen Topf mit kochendem Wasser geben und herausnehmen, sobald sich die Haut beginnt zu kräuseln und abzulösen. Mit kaltem Wasser abbrausen und die Schale abziehen. Grob würfeln und beiseite stellen.

2 Die **ZWIEBEL** und die **KNOBLAUCHZEHE** abziehen und fein würfeln. Das **OLIVENÖL** in einen großen Topf geben und die Zwiebel darin glasig dünsten. Zuerst den Knoblauch dazugeben, kurz schwenken und dann das **TOMATENMARK** ebenfalls kurz anrösten. Mit dem **BALSAMICOESSIG** ablöschen.

3 Die Tomatenwürfel und das **LORBEERBLATT** in den Topf geben und mit der **GEMÜSEBRÜHE** auffüllen. Aufkochen und zugedeckt für etwa 15 Minuten köcheln lassen.

4 Das Lorbeerblatt entfernen. Die **BASILIKUMBLÄTTER** in den Topf geben und die Suppe mit dem Schneidstab glatt pürieren. Entweder noch heiß in eine Thermoskanne füllen oder abkühlen lassen und in eine Flasche oder dicht verschließende Lunchbox geben.

5 Vor dem Erwärmen und Verzehr der Suppe die **SOJACREME** in die Suppe einrühren und diese mit den **CASHEWKERNEN** und den restlichen Basilikumblättern bestreuen.

UNBESCHREIBLICH GUT IN DER SAISON MIT EIGENEN TOMATEN VOM BALKON! SUPPEN

SUPPEN INGWER UND THAI-CURRY-PASTE VERLEIHEN DER SUPPE EINE PIKANTE NOTE!

MÖHRENSÜPPCHEN
LEICHT SCHARF

1 Die **MÖHREN**, die **KARTOFFEL** sowie den **APFEL** waschen und schälen. Den Apfel entkernen und alle Zutaten grob würfeln.

2 Die **ZWIEBEL** und den **KNOBLAUCH** häuten und klein würfeln. Das **ERDNUSSÖL** in einen großen Topf geben und die Zwiebel darin anschwitzen. Den Knoblauch kurz mitrösten, dann die Möhren-, Kartoffel- und Apfelstücke, den **INGWER** sowie die **THAI-CURRY-PASTE** mit in den Topf geben. Mit der **GEMÜSEBRÜHE** auffüllen. Zum Kochen bringen und 15 Minuten köcheln lassen. Mit **PFEFFER** und **SALZ** würzen.

3 Die Suppe mit dem Schneidstab glatt pürieren. Entweder noch heiß in eine Thermoskanne füllen oder abkühlen lassen und in eine Flasche oder dicht verschließende Lunchbox geben.

4 Vor dem Verzehr die Suppe erwärmen und mit **KÜRBISKERNEN** bestreuen.

FÜR 2 PORTIONEN

300 g Möhren
1 Kartoffel
1 Apfel
1 Zwiebel
1 Knoblauchzehe
1 EL Erdnussöl
1 TL Ingwer, frisch gerieben
1 EL Thai-Curry-Paste, rot
200 ml Gemüsebrühe
Pfeffer und Salz aus der Mühle
Kürbiskerne, geröstet

SCHNEIDSTAB

ERBSENSUPPE GEKRÖNT MIT BALSAMICOZWIEBELN

FÜR 1 PORTION

200 g Erbsen, tiefgekühlt oder frisch
100 ml Gemüsebrühe
1 EL Crème fraîche oder Sojaersatz
1 Spritzer Zitronensaft

BALSAMICOZWIEBELN (FÜR 4 PORTIONEN)

2 rote Zwiebeln
2 EL brauner Zucker
1 EL Olivenöl
4 EL Balsamicoessig

GLAS MIT SCHRAUBVERSCHLUSS
SCHNEIDSTAB

1 Die **ERBSEN** mit der **GEMÜSEBRÜHE** in einen Topf geben und aufkochen lassen. Etwas abkühlen lassen, die **CRÈME FRAÎCHE** oder den **SOJAERSATZ** und den **ZITRONENSAFT** dazugeben und mit dem Schneidstab glatt pürieren.

2 Für die Balsamicozwiebeln die **ZWIEBELN** häuten, halbieren, entstrunken und in feine Spalten schneiden.

3 Den **ZUCKER** in einer Pfanne karamellisieren lassen. Die Hitze zurücknehmen und das **ÖL** und den **ESSIG** dazugeben. Vorsichtig köcheln lassen, bis sich der Karamell aufgelöst hat. Die Zwiebeln dazugeben und abgedeckt für etwa 7 Minuten in dem Sud garen.

4 Die Erbsensuppe mit den Balsamicozwiebeln in die Lunchbox portionieren und kalt stellen.

TIPP In ein Glas mit Schraubverschluss gefüllt lässt sich bei Bedarf eine Portion Balsamicozwiebeln entnehmen. Sie halten sich außerdem sehr gut einige Tage im Kühlschrank.

SOWOHL FARBLICH ALS AUCH GESCHMACKLICH EIN KNALLER! SUPPEN

SALATE WIRD RICHTIG LECKER, WENN DIE MISCHUNG EINIGE STUNDEN ZIEHEN KONNTE!

KICHERERBSEN MIT FRISCHEM SPINAT

1 Den **SPINAT** waschen, trockenschütteln und in dünne Streifen schneiden. Die **ZWIEBEL** häuten und fein hacken. Mit den **KICHERERBSEN** in eine Schüssel geben.

2 Den **KORIANDER** waschen, trockenschütteln und grob von seinen Stielen befreien. Mit dem **LIMETTENSAFT**, dem **ZUCKER**, dem **SENF**, der **KNOBLAUCHZEHE**, dem **OLIVENÖL** und **CHILIPULVER** in ein hohes Gefäß geben und mit dem Stabmixer glatt pürieren.

3 Die Sauce über die Kicherbsen-Spinat-Mischung geben und vermengen. Mit **PFEFFER** und **SALZ** abschmecken. In die Lunchbox portionieren.

TIPP Der Salat kann bereits am Vorabend zubereitet werden. Gekühlt kann er dann über Nacht sein volles Aroma entfalten.

FÜR 2 PORTIONEN

2 Handvoll Spinat
1 kleine Zwiebel
200 g Kichererbsen, gekocht
½ Bund Koriander
2 Limetten, Saft
1 TL Zucker
1 TL Dijon-Senf
1 Knoblauchzehe
3 EL Olivenöl
Chilipulver, Menge nach Geschmack
Pfeffer und Salz aus der Mühle

STABMIXER ODER KÜCHEN-MASCHINE

ASIATISCHE GLASNUDELN MIT BISS

FÜR 2 PORTIONEN

1 TL getrocknete Morcheln
2 Karotten
½ Gurke
1 Frühlingszwiebel
1 Chilischote, rot
2 Stängel Minze
4 Stängel Thai-Basilikum
1 Handvoll Mungbohnensprossen
Saft von 2 Limetten
100 g Glasnudeln
Pfeffer und Salz aus der Mühle
1 EL Erdnüsse, gehackt

1 Die **MORCHELN** in kleine Stücke zerdrücken und in eine Schüssel mit lauwarmem Wasser legen. Für mindestens 20 Minuten vollsaugen lassen. Die Pilze vergrößern ihr Volumen um das Vier- bis Fünffache. Sobald sie weich geworden sind, aus dem Wasserbad nehmen, trockentupfen und in eine große Schüssel geben.

2 Das gesamte Gemüse und die Kräuter waschen. Die **KAROTTEN** schälen und in dünne Streifen schneiden. Die **GURKE** der Länge nach halbieren, mit einem Löffel entkernen und ebenfalls in dünne Streifen schneiden. Die **FRÜHLINGSZWIEBEL** in feine Ringe schneiden und die **CHILISCHOTE** klein würfeln. Die **KRÄUTER** grob von ihren Stielen befreien und fein wiegen. Das Gemüse und die Kräuter mit den **MUNGBOHNENSPROSSEN** zu den Morcheln geben und alles mit dem **LIMETTENSAFT** übergießen.

3 Die **GLASNUDELN** nach Packungsanweisung gar kochen und unter kaltem Wasser abschrecken. Mit dem Salat vermengen. Mit **PFEFFER** und **SALZ** abschmecken, in die Lunchbox portionieren und mit den **ERDNÜSSEN** bestreuen.

VARIANTE Paprika und Stangensellerie passen auch prima in diesen Salat.

FRISCHE KRÄUTER UND GEHACKTE ERDNÜSSE SIND HIER DAS I-TÜPFELCHEN! SALATE

SALATE DIESE MISCHUNG VERPASST DEM IMMUNSYSTEM EINEN KRÄFTIGEN SCHUB!

FENCHEL MIT ALLERLEI VITAMINEN

1 Eine **ORANGE** auspressen und den Saft mit dem **ZITRONENSAFT** in eine Schüssel gießen. Die andere Orange filetieren und die Schnitze halbieren. Den **FENCHEL** waschen, eventuelle harte, ausgetrocknete Stellen entfernen und den Fenchel klein schneiden. Den **APFEL** waschen, entkernen und ebenfalls in mundgerechte Stücke schneiden. Alle Zutaten mit den **FENCHELSAMEN** in die Schüssel geben und miteinander vermengen. In die Lunchbox portionieren und am besten kühl stellen.

2 Für das Dressing den **AHORNSIRUP**, den **ESSIG** und das **ÖL** kräftig miteinander verquirlen. **PFEFFERN** und **SALZEN** nach Belieben. 10 Minuten vor dem Verzehr den Salat mit dem Dressing übergießen und mit den **WALNUSSKERNEN** bestreuen.

FÜR 2 PORTIONEN

2 Orangen
2 EL Zitronensaft
1 Fenchelknolle
1 Apfel
ein paar Fenchelsamen

DRESSING
1 TL Ahornsirup
1 EL Weißweinessig
2 EL Öl
Pfeffer und Salz aus der Mühle
2 EL Walnusskerne, geröstet

KNACKIGE BOHNEN MIT BRATKARTOFFELN

FÜR 2 PORTIONEN

2 Handvoll festkochende Kartoffeln
4 EL Olivenöl
2 Handvoll Stangenbohnen
Salz
2 EL rotes Pesto
2 TL Pinienkerne, geröstet

KÜCHENKREPP
EISWÜRFEL

1 Die **KARTOFFELN** waschen, schälen und in kleine Stücke schneiden. Das **OLIVENÖL** in eine Pfanne geben und auf mittlerer Flamme die Kartoffeln darin für 15–20 Minuten knusprig bräunen. Auf das Küchenkrepp geben und überschüssiges Fett aufsaugen lassen.

2 Die **BOHNEN** waschen, das Stielende kappen und die Bohnen in etwa 3 cm lange Stücke schneiden. In kochendem **SALZWASSER** bissfest garen. Eine Schüssel mit kaltem Wasser und ein paar Eiswürfeln vorbereiten. Die Bohnen in ein Sieb gießen und sofort im Eiswasser abschrecken. So behalten sie ihre kräftige Farbe.

3 Die Kartoffeln und die Bohnen in eine Schüssel geben und mit dem **PESTO** vermengen. In die Lunchbox geben und mit den **PINIENKERNEN** bestreuen.

STANGENBOHNEN SIND LEICHT SELBER ZU ZIEHEN UND ÄUSSERST ERTRAGREICH! SALATE

SALATE DIE EDLEN BELUGALINSEN BESTECHEN DURCH IHR ANGENEHM NUSSIGES AROMA!

FEINE BELUGALINSEN MIT GEMÜSEWÜRFELCHEN

1 Die **BELUGALINSEN** nach Packungsanleitung in ungesalzenem Wasser unter Zugabe des **NATRONS** kochen.

2 In der Zwischenzeit die **KAROTTE**, die **FRÜHLINGSZWIEBEL** und den **STAUDENSELLERIE** waschen, schälen bzw. von trockenen Stellen befreien und sehr fein würfeln. In eine große Schüssel geben. Die **PETERSILIE** sowie die **MINZE** waschen, trockenschütteln und die Blätter abzupfen. Fein wiegen und zum Gemüse geben.

3 Das **OLIVENÖL** in eine kleine Schüssel geben. Den **KNOBLAUCH** abziehen, in das Öl pressen und beides gut miteinander vermengen.

4 Den **BALSAMICOESSIG** über die fertig gegarten Linsen geben und das Ganze miteinander vermengen. 10 Minuten ziehen lassen. Die Linsen und das Gemüse miteinander vermischen und das Knoblauchöl darübergießen. Mit dem **KREUZKÜMMEL** sowie **PFEFFER** und **SALZ** würzen und abschmecken.

FÜR 1 PORTION

200 g Belugalinsen
1 Prise Natron
1 Karotte
1 Frühlingszwiebel
1 Stück Staudensellerie
½ Bund Petersilie
½ Minze
3 EL Olivenöl
1 Knoblauchzehe
4 EL weißer Balsamicoessig
1 TL Kreuzkümmel, gemahlen
Pfeffer und Salz aus der Mühle

WEISSE BOHNEN
MIT AROMATISCHEM DILL

FÜR 2 PORTIONEN

200 g weiße Bohnen, getrocknet oder aus der Dose
1 EL Natron
1 Frühlingszwiebel
1 Knoblauchzehe, fein gehackt
1 EL Olivenöl
1 Zitrone, Saft
Pfeffer und Salz aus der Mühle
½ Bund Dill

DAZU PASST:
frisches Brot

1 Getrocknete **BOHNEN** über Nacht in der doppelten Menge Wasser einweichen. Das Wasser am nächsten Tag abgießen. Die Bohnen in ungesalzenem Wasser unter Zugabe des **NATRONS** gar kochen. Je nach Sorte kann dies 30 Minuten oder aber auch über 1 Stunde dauern. Die Bohnen sollten weich sein, aber nicht zerfallen. In ein Sieb abgießen und abtropfen lassen.

2 Die **FRÜHLINGSZWIEBEL** säubern und in Längsstreifen schneiden. Den **KNOBLAUCH** abziehen und fein hacken.

3 Das **OLIVENÖL** in eine Pfanne geben und die Bohnen darin rundum goldbraun anbraten. Die Frühlingszwiebeln und den Knoblauch noch kurz mitschwenken, dann alles in eine Schüssel geben. Mit dem **ZITRONENSAFT** übergießen und kräftig **PFEFFERN** und **SALZEN**. Auskühlen lassen.

4 Den **DILL** waschen, trockenschütteln und von seinen groben Stängeln befreien. Das feine Kraut grob hacken und kurz vor dem Verzehr unter die Bohnen mengen.

TIPP Wer den Salat so »zu trocken« findet, kann ihn mit etwas Joghurt, Sojade oder Schafskäse bzw. ein paar Gurkenscheiben auffrischen.

JEDE MENGE DILL UND ZITRONE VEREDELN DIESES BOHNENGERICHT! SALATE

SALATE DIESES REZEPT IST FÜR ALLE PESCETARIER. ALLE ANDEREN LASSEN DEN THUNFISCH EINFACH WEG!

JAPANISCHE BUCHWEIZENNUDELN

1 Die **BUCHWEIZENNUDELN** in ungesalzenem Wasser nach Packungsangabe kochen. In ein Sieb abgießen und ausgiebig mit kaltem Wasser abschrecken, bis sie erkaltet sind. Beiseite stellen.

2 Die **GURKE** schälen, halbieren, mit einem Löffel entkernen und fein würfeln. Die **FRÜHLINGSZWIEBEL** putzen und in feine Ringe schneiden. Den **THUNFISCH** gut abtropfen lassen.

3 Die Gurke, die Frühlingszwiebel und die **MAYONNAISE** in eine Schüssel geben und mit der **WASABIPASTE**, **PFEFFER**, **SALZ** sowie der **SOJASAUCE** großzügig abschmecken. Die Nudeln dazugeben, alles gründlich miteinander vermengen und gegebenfalls nachwürzen. Nun vorsichtig den Thunfisch unterheben und den Salat in die Lunchbox füllen. Den **ZITRONENSCHNITZ** dazulegen.

VARIANTE: Ein hartgekochtes Ei fein würfeln und zum Schluss mit dem Thunfisch unterheben.

VEGANE VARIANTE: Mayonnaise ohne Ei verwenden und den Thunfisch weglassen.

Für 1 Portion

100 g Buchweizennudeln (Soba)
½ kleine Salatgurke
1 Frühlingszwiebel
1 Dose Thunfisch, im eigenen Saft
4 EL Mayonnaise
etwas Wasabi
Pfeffer und Salz aus der Mühle
Sojasauce, hell
1 Schnitz Zitrone

ROTE BETE AUF APFEL-QUINOA

FÜR 2 PORTIONEN

200 g Quinoa
400 ml Wasser
1 Apfel
1 EL Zitronensaft
300 g gekochte Rote Bete
   (z. B. vakuumiert aus dem
   Lebensmittelladen)
1 Kiwi, gelb
etwas Schnittlauch

DRESSING

1 TL Honig oder Ahornsirup
1 TL grober Senf
1 TL Sojasauce
2 EL Olivenöl
Pfeffer und Salz aus der
   Mühle
1 Knoblauchzehe

1 Die **QUINOA** mit dem **WASSER** in einem Topf zum Kochen bringen. Auf niedriger Flamme etwa 25 Minuten bissfest garen. Vom Herd nehmen und auskühlen lassen.

2 Den **APFEL** waschen und grob raspeln. Mit dem **ZITRONENSAFT** beträufeln und unter die Quinoa mengen.

3 Die **ROTE BETE** würfeln. Die Haut der **KIWI** mit einem Sparschäler entfernen und das Fruchtfleisch ebenfalls würfeln. Mit der Apfel-Quinoa in die Lunchbox füllen.

4 Für das Dressing den **HONIG** oder **AHORN-SIRUP**, den **SENF** und die **SOJASAUCE** miteinander verquirlen. Das **OLIVENÖL** dazugeben und kräftig **PFEFFERN** und **SALZEN**. Die **KNOBLAUCHZEHE** abziehen und halbieren und in das Dressing legen.

5 Kurz vor dem Verzehr die Knoblauchzehe entnehmen und das Dressing über den Salat gießen. Vermengen und 10 Minuten durchziehen lassen. Mit frisch gehacktem **SCHNITTLAUCH** genießen.

QUINOA IST EIN ABSOLUT VOLLWERTIGER UND ZUDEM GLUTENFREIER GETREIDEERSATZ! SALATE

ZUM ERWÄRMEN BEIM HOKKAIDO-KÜRBIS DARF MAN SICH DAS SCHÄLEN GETROST SPAREN!

GEBACKENER KÜRBIS AUF AMARANTH

1 Die **AMARANTHKÖRNER** in ein feines Sieb geben und unter fließendem Wasser gründlich abspülen. In einen Topf mit Wasser geben und nach Packungsanleitung kochen.

2 Den **KÜRBIS** waschen und in mundgerechte Würfel schneiden. Das **OLIVENÖL** in eine große Pfanne geben und erhitzen. Die Kürbisstücke darin scharf anbraten, dann die Hitze zurücknehmen. Mit dem **RAS EL-HANOUT** würzen und mit **PFEFFER** und **SALZ** abschmecken.

3 Den Amaranth in die Lunchbox füllen. Darauf den Kürbis verteilen und mit den **SESAMKÖRNERN** und **KÜRBISKERNEN** bestreuen.

4 Die **APRIKOSE** klein würfeln und mit dem **OLIVENÖL** und dem **ZITRONENSAFT** vermengen. In einen extra Behälter abfüllen. Vor dem Verzehr kräftig durchmixen und über das Essen geben.

FÜR 1 PORTION

150 g Amaranth
150 g Hokkaido-Kürbis
1 EL Olivenöl
½ TL Ras el-Hanout
Pfeffer und Salz aus der Mühle
½ TL Sesamkörner
½ TL Kürbiskerne

DRESSING

1 getrocknete Aprikose
2 EL Olivenöl
1 EL Zitronensaft

NUDELN MIT FRISCHEM PESTO

FÜR 4 PORTIONEN

PESTO
1 Bund Rucola
50 g Parmesan, frisch gerieben (vegane Variante: veganer Käse)
50 g Pinienkerne, geröstet
1 Knoblauchzehe
5 EL gutes Olivenöl
1 EL Zitronensaft
Pfeffer und Salz aus der Mühle

1 Portion Nudeln, gekocht und mit 1 TL Olivenöl vermengt
2 Cocktailtomaten
ein paar Blättchen Basilikum

1 Für das Pesto den **RUCOLA** waschen und trockenschleudern. Ein paar Blättchen beiseite legen. Den Rest mit dem **PARMESAN**, den **PINIENKERNEN**, der **KNOBLAUCHZEHE**, dem **OLIVENÖL** und dem **ZITRONENSAFT** in ein hohes Gefäß geben und mit dem Stabmixer glatt pürieren. Ein Viertel des Pestos für die Lunchbox abfüllen, den Rest in ein Weckglas geben und im Kühlschrank aufbewahren.

2 Die **NUDELN** mit dem separat abgefüllten Pesto in die Lunchbox geben.

3 Vor Verzehr die Nudeln erwärmen. Die **COCKTAILTOMATEN** waschen und halbieren. Mit dem Pesto über die Nudeln geben und mit den beiseite gelegten Rucola- und den **BASILIKUMBLÄTTERN** unter die Nudeln mengen.

VON SELBST GEMACHTEM PESTO KANN MAN EIGENTLICH NIE GENUG BEKOMMEN! ZUM ERWÄRMEN

ZUM ERWÄRMEN DANK DES QUARK-ÖL-TEIGES IST DIE PIZZA IN NULL KOMMA NICHTS ZUBEREITET!

PIZZA
PRONTO PRONTO

1 Für den Teig den **QUARK**, das **SALZ**, die **EIER** und das **OLIVENÖL** in eine Schüssel geben und miteinander verrühren. Das **MEHL** mit dem dem **BACKPULVER** mischen und dazusieben. Von Hand zu einem glatten, nicht klebrigen Teig verkneten.

2 Ein Backblech mit Backpapier auslegen und den Teig darauf ausrollen.

3 Den Backofen auf die höchstmögliche Temperatur vorheizen.

4 Den **MOZARELLA** abtropfen lassen, in dünne Scheiben schneiden und den Teig damit belegen. Die **COCKTAILTOMATEN** halbieren und mit der Schnittfläche nach oben darauf verteilen. Die **ROSMARINNADELN** darüberstreuen. **PFEFFERN** und **SALZEN**.

5 Je nach Temperatur – bei 225 °C benötigt die Pizza etwa 15 Minuten – backen, bis der Boden schön kross ist und der Käse beginnt zu bräunen. Die Pizza aus dem Ofen nehmen, auskühlen lassen und in Lunchboxgröße zuschneiden.

FÜR 1 BLECH

TEIG
200 g Quark
½ TL Salz
3 Eier
5 EL Olivenöl
400 g Mehl, Type 550
½ Päckchen Backpulver

BELAG
250 g Mozzarella
2 Handvoll Cocktailtomaten
2 EL Rosmarinnadeln, frisch
Pfeffer und Salz aus der Mühle

ZUCCHINI-TRIFFT-CASHEW-TARTE

FÜR 2 PORTIONEN

TEIG

200 g Buchweizenmehl
2 EL Leinsaat, geschrotet
2 EL Walnusskerne, fein gehackt
½ TL Salz
2 EL + 1 EL Olivenöl
80 ml Wasser

BELAG

125 g Cashewnusskerne
1 TL Weißweinessig
200 ml Wasser
2 EL Rosmarinnadeln, fein gehackt
1 EL Petersilie, fein gehackt
1 Knoblauchzehe, fein gehackt
Pfeffer und Salz aus der Mühle
1 Zucchini

1 Das **BUCHWEIZENMEHL**, die **LEINSAMEN**, die **WALNUSSKERNE** und das **SALZ** in eine Schüssel geben und miteinander vermengen. 2 EL **ÖL** und das **WASSER** dazugeben und zu einem feuchten, aber nicht klebrigen Teig verkneten. Bei Bedarf Wasser oder Mehl hinzugeben.

2 Den Backofen auf 180 °C vorheizen.

3 Eine große Tarteform oder mehrere kleine Tarteförmchen mit Öl auspinseln und mit dem Teig auslegen. Dabei arbeitet man sich am besten von innen bis zum Rand vor und drückt den Teig fest mit den Fingern an. Den Boden und den Rand mit der Gabel mehrmals einstechen und im Ofen für 7 Minuten vorbacken.

4 Die **CASHEWNUSSKERNE** mit dem **ESSIG** und dem **WASSER** in ein hohes Gefäß geben und mit Hilfe eines Stabmixers fein pürieren. Die **ROSMARINNADELN**, die **PETERSILIE** sowie den **KNOBLAUCH** einrühren und großzügig **PFEFFERN** und **SALZEN**. Die **ZUCCHINI** waschen, in dünne Scheiben schneiden und diese achteln.

5 Die Sauce auf den vorgebackenen Boden geben und die Zucchinistücke darauf verteilen. Für etwa 45 Minuten im Ofen backen. Herausnehmen und abkühlen lassen. Kann sowohl kalt als auch aufgewärmt gegessen werden.

DIESE TARTE IST EIN TRAUM – NICHT NUR FÜR VEGANER! ZUM ERWÄRMEN

ZUM ERWÄRMEN KNUSPRIGER BLÄTTERTEIG UND MILDE CURRYSCHÄRFE BELEBEN MÜDE GEISTER!

SAFTIGE KAROTTENQUICHE

1 Die Springform mit Backpapier auslegen. Den **BLÄTTERTEIG** ausrollen und einen Boden in Größe der Springform ausschneiden. In die Form legen und mit dem restlichen Teig den Rand der Form auskleiden.

2 Die **ZWIEBEL** häuten und fein würfeln. Die **KAROTTEN** schälen, waschen und grob raspeln. Das **RAPSÖL** in eine große Pfanne geben und die Zwiebeln darin glasig dünsten. Die Möhren dazugeben und für 2 Minuten in der heißen Pfanne schwenken. Mit dem **CURRYPULVER** würzen und großzügig **PFEFFERN** und **SALZEN**. In die Springform einfüllen.

3 Den Backofen auf 180 ºC vorheizen.

4 Die **EIER** und die **CRÈME FRAÎCHE** miteinander verquirlen und über die Möhrenmasse gießen. Den **KÄSE** gleichmäßig darüberhobeln.

5 Im Ofen für etwa 30–40 Minuten backen. Herausnehmen und auskühlen lassen. In die Lunchbox portionieren und mit den frischen **KRÄUTERN** bestreuen. Schmeckt sowohl kalt als auch erwärmt.

TIPP Wenn die Lunchbox ofenfest ist, lässt sich die Tarte natürlich auch direkt in ihr zubereiten.

FÜR 2 PORTIONEN

1 frischer Blätterteig, Kühlregal
1 Zwiebel
700 g Karotten
1 EL Rapsöl
1 EL Currypulver, mild
Pfeffer und Salz aus der Mühle
3 Eier
125 g Crème fraîche
100 g Käse (z. B. Parmesan)
frische Kräuter (z. B. Thymian, Basilikum, Petersilie)

SPRINGFORM

COUSCOUS MIT KAROTTEN AUS DEM OFEN

FÜR 1 PORTION

GEMÜSE
4 Karotten
1 Stück Stangensellerie
4 Stängel Zitronenthymian
1 TL Korinthen oder Rosinen
Pfeffer und Salz aus der Mühle

DRESSING
1 TL Honig oder Agavendicksaft
1 EL Weißweinessig
2 EL Olivenöl
1 Prise Zimt
1 Zitrone, unbehandelt, Saft und Schale

COUSCOUS
150 g Instant-Couscous
¼ TL Kreuzkümmel, gemahlen
1 Prise Salz

BACKPAPIER

1 Den Ofen auf 200 °C vorheizen.

2 Die **KAROTTEN**, den **STANGENSELLERIE** und den **THYMIAN** waschen. Zusammen in das Backpapier einwickeln und zu einem Päckchen schnüren. Im Ofen für etwa 25 Minuten garen. Herausnehmen, das Päckchen vorsichtig öffnen und ausdampfen lassen.

3 Für das Dressing den **HONIG** oder **AGAVENDICKSAFT** im **WEISSWEINESSIG** auflösen. Das **ÖL**, den **ZIMT**, die **ZITRONENSCHALE** und 1 EL **ZITRONENSAFT** dazugeben. Alles miteinander verquirlen.

4 Die Karotten und den Stangensellerie in schräge Streifen schneiden. Mit den **KORINTHEN** in eine Schüssel geben und mit dem Dressing übergießen. **PFEFFERN** und **SALZEN** und eventuell mit etwas mehr Zitronensaft abschmecken.

5 Den **COUSCOUS** mit dem **KREUZKÜMMEL** und dem **SALZ** bestreuen und nach Packungsangabe mit heißem Wasser übergießen. Ausquellen lassen. In die Lunchbox füllen und mit dem Karottengemüse bedecken.

VEGETARISCHE VARIANTE: Etwas Schafskäse in den Couscous gebröselt schmeckt wunderbar!

KREUZKÜMMEL UND ZIMT VERLEIHEN DEN KAROTTEN EINEN HAUCH VON EXOTIK! ZUM ERWÄRMEN

ZUM ERWÄRMEN DIE KOKOSREISRAUTEN VON SEITE 76 PASSEN PERFEKT ZU DIESEM CURRY-GERICHT!

PIKANTES KÜRBIS-CURRY

1 Den **KÜRBIS** waschen (Hokkaido muss nicht geschält werden) und in Stücke schneiden. Die **ZWIEBEL** enthäuten und fein würfeln. Die **KARDAMOMKAPSELN** aufbrechen und die kleinen Kerne entnehmen. Einen großen Topf ohne Fett erhitzen und die Kerne sowie die **ZIMTSTANGE** darin anrösten, bis sie zu duften beginnen. Das **KOKOSFETT** dazugeben und die Zwiebel darin glasig schwitzen.

2 Den **KNOBLAUCH** abziehen und fein hacken. Mit den Kürbiswürfeln in den Topf geben und bei hoher Temperatur ein paarmal wenden. Mit der **KOKOSNUSSMILCH** ablöschen. Das **CURRYPULVER** sowie das **SALZ** einstreuen und alles bei mittlerer Temperatur köcheln lassen, bis der Kürbis bissfest gegart ist. Die **ROSINEN** dazugeben und das Curry in die Lunchbox füllen.

3 Vor dem Verzehr mit **CASHEWNUSSKERNEN** bestreuen.

FÜR 2 PORTION

250 g Kürbis, z.B. Hokkaido oder Butternut
1 rote Zwiebel
3 Kardamomkapseln
1 Zimtstange
1 TL Kokosfett
1 Knoblauchzehe
200 ml Kokosnussmilch aus der Dose
1 TL Currymischung (z.B. Kreuzkümmel, Koriander, Kurkuma, Fenchel, Senfsaat, Bockshornklee, Chili)
½ TL Salz
1 TL Rosinen
1 TL gehackte Cashewnusskerne

KOKOSREIS IN RAUTEN

FÜR 2 PORTIONEN

125 g Rundkornreis
100 ml Wasser
200 ml Kokosnussmilch (alternativ Kuhmilch)
2 Kardamomkapseln
Zimtstange
1 Prise Salz

1 Den **REIS** in ein feines Sieb geben und unter fließendem Wasser gründlich waschen. Den Reis mit dem **WASSER** in einen Topf geben, aufkochen und 15 Minuten garen lassen.

2 Die **KOKOSNUSSMILCH**, die **KARDAMOMKAPSELN**, die **ZIMTSTANGE** und das **SALZ** dazugeben und unter regelmäßigem Rühren weitere 15 Minuten garen lassen.

3 Der Reis sollte dann die Flüssigkeit aufgesogen und eine feste cremige Textur erreicht haben. Etwas abkühlen lassen und die Kardamomkapseln und die Zimtstange herausfischen. Den Kokosreis ca. 2 cm dick auf eine Platte streichen. Festdrücken und erkalten lassen.

4 Den Kokosreis in rautenförmige Stücke schneiden.

TIPP Passt prima zu Gemüsepfannen und Currygerichten, z. B. dem Kürbis-Curry von S. 75.

REIS MAL IN EINER WENIGER BEKANNTEN VARIATION! ZUM ERWÄRMEN

CREMIGER MILCHREIS

FÜR 2 PORTIONEN

1 TL Butter
1 Tasse Rundkornreis
4 Tassen Milch oder Milchersatz, Zimmertemperatur
1 EL Zucker

1 Die **BUTTER** in einem Topf schmelzen und den **REIS** darin anschwitzen. Die **MILCH** dazugießen, den **ZUCKER** einstreuen und unter ständigem Rühren mit einem Holzlöffel alles einmal aufkochen lassen. Darauf achten, dass kein Reis am Boden festkocht. Nun die Hitze auf ein Minimum reduzieren und den Milchreis bei geschlossenem Deckel für etwa 30 Minuten bissfest garen. Zwischendurch immer wieder umrühren.

2 Den Milchreis in verschließbare Gefäße abfüllen und erkalten lassen. Wenn er kalt gegessen werden soll, dann mit Kompott, Apfelmus oder frischem Obst auffüllen oder ganz klassisch mit Zimt und Zucker bestreuen. Bei Erwärmen das Topping separat abfüllen.

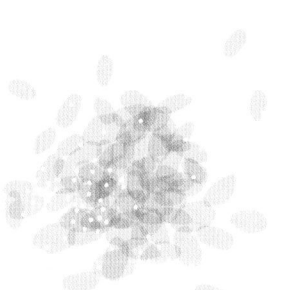

LOCKERER GRIESSBREI

FÜR 2 PORTIONEN

400 ml Milch oder Milchersatz
1 EL Zucker
40 g Weichweizengrieß

1 Die **MILCH** mit dem **ZUCKER** in einem Topf zum Kochen bringen. Die Temperatur zurücknehmen und den **GRIESS** mit einem Schneebesen einrühren. Unter ständigem Rühren den Brei weiterköcheln lassen, bis er nach ein paar Minuten ausgequollen ist.

2 Den Grießbrei in verschließbare Gefäße abfüllen und erkalten lassen. Hier gilt wie auch beim Milchreis von der gegenüberliegenden Seite: Wenn er kalt gegessen werden soll, dann mit Kompott, Apfelmus oder frischem Obst auffüllen oder mit Zimt und Zucker bestreuen. Bei Erwärmen das Topping separat abfüllen.

VARIANTE Ein sehr frisches Ei trennen. Das Eigelb in den fertig gequollenen Grießbrei einrühren. Das Eiweiß zu Eischnee schlagen und vorsichtig unterheben.

HAUSGEMACHTES KOMPOTT

1 Das **OBST** waschen und entsteinen. Mit 50 ml **WASSER** und den **GEWÜRZEN**/dem **ALKOHOL** nach Wahl in einen Topf geben und zum Kochen bringen. Die **SPEISESTÄRKE** im restlichen Wasser auflösen und in das Obst einrühren. Noch einmal aufkochen lassen. Dann die Temperatur auf ein Minimum verringern und das Obst ganz nach Geschmack weich kochen.

2 Die Gewürze herausfischen und das Kompott in ein verschließbares Gefäß füllen. Hält sich gut gekühlt prima ein paar Tage.

FÜR 2 PORTIONEN

300 g Kernobst nach Wahl: Pflaumen, Mirabellen, Kirschen
100 ml kaltes Wasser
Gewürze nach Wahl: Vanilleschote, Zimtstange, Gewürznelke oder ein Schuss Obstschnaps
½ TL Speisestärke

DESSERT **CREMIGER MILCHREIS MIT MIRABELLENKOMPOTT LÄSST SICH PRIMA PORTIONSWEISE IN**

WECKGLÄSER FÜLLEN – EBENSO WIE LOCKERER GRIESSBREI MIT PFLAUMENKOMPOTT! DESSERT

TANTE RIKELS
HIMBEERTRAUM

ZUTATEN FÜR 1 PORTION

3 EL griechischer Joghurt
2 EL Magerquark
1 EL Baiser, grob zerbröselt
1 EL gefrorene Himbeeren

1 Den **JOGHURT** und den **QUARK** mit einem Schneebesen glatt rühren. Das **BAISER** unterziehen.

2 Die Hälfte der Baisercreme in ein wasserdichtes kleines Gefäß geben. Die gefrorenen **HIMBEEREN** darauf verteilen und mit der anderen Hälfte der Creme bedecken. Verschließen und mindestens 2 Stunden antauen lassen. Die Himbeeren sollten noch nicht ganz weich sein.

TIPP Der Nachtisch lässt sich dank »integrierter« Kühlung auch im Sommer wunderbar zu einer Lunchpause ins Grüne mitnehmen und kalt genießen!

BLITZSCHNELL ZUBEREITET UND NOCH SCHNELLER VERPUTZT! DESSERT

Mit Zitronensaft beträufelt, übersteht das Obst die Zeit bis zur Lunchpause, ohne braun zu werden. **SIEHE MÜSLIS, S. 12 UND 15.**

Soba, japanisch für Buchweizennudeln, werden in Japan sehr gerne gegessen – je nach Jahreszeit kalt im Sommer und warm im Winter. Traditionell gibt es Soba zum Jahreswechsel – die langen Nudeln sollen ein langes Leben verheißen. **SIEHE JAPANISCHE BUCHWEIZENNUDELN, S. 59.**

TIPPS

Es geht zwar nichts über erntefrische Ware, aber wenn es schnell gehen muss, ist Tiefkühlware eine wunderbare Alternative zu frischem Obst und Gemüse.
SIEHE ERBSENSUPPE GEKRÖNT MIT BALSAMICOZWIEBELN, S. 44 UND TANTE RIKELS HIMBEERTRAUM, S. 82.

In den Wintermonaten sind Fenchel und Orange die idealen Fitmacher.
SIEHE FENCHEL MIT ALLERLEI VITAMINEN, S. 51.

Gebackene Paprika verleiht dem eher neutral schmeckenden Hummus eine feine Note SIEHE HUMMUS MIT GEBACKENER PAPRIKA, S. 35.

Ist der Ofen erst einmal erhitzt, lohnt es sich, gleich etwas mehr Gemüse zu backen und es in den kommenden Tagen für die Lunchboxen einzuplanen. SIEHE FOCACCIA MIT GRILLGEMÜSE, S. 27, GEBACKENER KÜRBIS AUF AMARANTH, S. 63 UND COUSCOUS MIT KAROTTEN AUS DEM OFEN, S. 72.

TIPPS

Gebacken entwickelt auch Rote Bete ein wunderbar feines Aroma. Die Knollen gut abschrubben und bei 200 °C etwa 45 Minuten garen. Etwas auskühlen lassen, den Wurzelstrunk entfernen, schälen und klein würfeln. VARIANTE FÜR ROTE BETE AUF APFEL-QUINOA, S. 60.

In der heißen Pfanne geröstete und dann in Butter geschwenkte Kerne und Nüsse veredeln jede Suppe und jeden Salat.

DAS REGISTER

A
48 Asiatische Glasnudeln mit Biss 🌿

B
15 Beeriges Muntermachermüsli 🌿
55 Belugalinsen mit Gemüsewürfelchen, feine 🌿
52 Bohnen mit Bratkartoffeln, knackige 🌿
59 Buchweizennudeln, japanische 🌿

C
72 Couscous mit Karotten aus dem Ofen 🌿
78 Cremiger Milchreis 🌿

E
44 Erbsensuppe gekrönt mit Balsamicozwiebeln 🌿

F
55 Feine Belugalinsen mit Gemüsewürfelchen 🌿
51 Fenchel mit allerlei Vitaminen 🌿
27 Focaccia mit Grillgemüse 🌿
31 Frischkäsecreme rot/grün 🌿

G
63 Gebackener Kürbis auf Amaranth 🌿
24 Geräucherter Tofu im Sesambrötchen 🌿
48 Glasnudeln mit Biss, asiatische 🌿
78 Grießbrei, lockerer 🌿

H
79 Hausgemachtes Kompott 🌿
35 Hummus mit gebackener Paprika 🌿

J
59 Japanische Buchweizennudeln 🌿

K
71 Karottenquiche, saftige 🌿
47 Kichererbsen mit frischem Spinat 🌿
52 Knackige Bohnen mit Bratkartoffeln 🌿
76 Kokosreis in Rauten 🌿
79 Kompott, hausgemachtes 🌿
36 Kühle Wassermelone-Feta-Würfel 🌿
19 Kunterbunte Toasts 🌿 🌿 🌿
63 Kürbis auf Amaranth,

gebackener 🌱
76 Kürbis-Curry, pikantes 🌱

L
78 Lockerer Grießbrei 🌱

M
78 Milchreis, cremiger 🌱
39 Mini-Caprese-Spießchen 🌱
43 Möhrensüppchen leicht scharf 🌱
15 Muntermachermüsli, beeriges 🌱
12 Müsli mit Südfrüchten 🌱
16 Müslischnitten mit Power 🌱

N
64 Nudeln mit frischem Pesto 🌱

P
28 Pfiffige Rollen 🌱
75 Pikantes Kürbis-Curry 🌱
67 Pizza pronto pronto 🌱

R
28 Rollen, pfiffige 🌱
60 Rote Bete auf Apfel-Quinoa 🌱

S
71 Saftige Karottenquiche 🌱
40 Sonnenverwöhnte Tomatensuppe 🌱
32 Sushi, veganes 🌱

T
82 Tante Rikels Himbeertraum 🌱
19 Toasts, kunterbunte 🌱🌱🌱
24 Tofu im Sesambrötchen, geräucheter 🌱
40 Tomatensuppe, sonnenverwöhnte 🌱

V
32 Veganes Sushi 🌱

W
23 Walnusstaler mit Avocadocreme 🌱
36 Wassermelone-Feta-Würfel, kühle 🌱
56 Weiße Bohnen mit aromatischem Dill 🌱

Z
20 Ziegenfrischkäse im Kürbiskernbrot 🌱
68 Zucchini-Trifft-Cashew-Tarte 🌱

🌱 **VEGETARISCH**
🌱 **LEICHT VEGAN ABWANDELBAR**
🌱 **VEGAN**

DIE
AUTORIN

Alle Fotos und Texte stammen von Chandima Soysa.

CHANDIMA SOYSA ist freischaffende Kommunikationsdesignerin. Sie hat an der Kunstakademie Stuttgart studiert und ihre Leidenschaft für Bücher zum Beruf gemacht (www.chandimasoysa.com). Ebenfalls im Thorbecke-Verlag erschienen sind ihre Kochbücher *»Gemüsesuppen für Genießer«*, *»Zum Anbeißen lecker!«* sowie das Backbuch *»Köstliche Kuchen leicht gemacht«*.